(*Extrait de la Troisième Partie du Système industriel.*)

SUR

LES INTÉRÊTS

POLITIQUES

DES PRODUCTEURS;

PAR HENRI SAINT-SIMON.

PRIX : 75 CENTIMES.

A PARIS,

CHEZ LES LIBRAIRES-MARCHANDS DE NOUVEAUTÉS;

1822.

DE L'IMPRIMERIE DE MOREAU, RUE COQUILLIÈRE, N° 27.

DIALOGUE

ENTRE

UN PRODUCTEUR DU DÉPARTEMENT DE LA SEINE,

ET L'AUTEUR DU SYSTÈME INDUSTRIEL.

LE PRODUCTEUR. Donnez-nous, Monsieur, des moyens d'exécution, c'est la seule manière pour vous d'assurer le succès de votre entreprise. Si vous n'êtes pas parvenu à en découvrir, si vous ne vous sentez pas en état de nous les exposer clairement, vous avez eu tort de vous mettre en avant et de vous présenter au public comme un réformateur de l'ordre social ; car, ce qui constitue la grande valeur d'un nouveau système politique, c'est une bonne conception des moyens à employer pour le mettre en activité.

Quant à la confiance que vous désirez nous inspirer dans notre capacité, pour diriger l'administration de la fortune publique, vous pouvez être parfaitement tranquille à cet égard ; cette confiance se développera très-facilement et très-promptement, dès le moment que vous nous aurez fait apercevoir une manière pacifique d'anéantir la suprématie exercée sur la nation productrice par des hommes dont la plus grande capacité consiste dans l'art de tenir une bonne maison, par des hommes dont l'ambition a principalement pour objet de s'enrichir aux dépens de la nation.

Parlez-nous donc des moyens d'exécution, et dites-nous bien clairement ceux qui doivent être employés pour procurer promptement à la classe des producteurs le plus haut degré de considération et d'importance sociale.

Je trouve les idées que vous nous avez présentées à ce sujet à la fin de vos deux lettres, peu claires; je trouve que vous ne les avez pas suffisamment développées; je trouve enfin que dans cette occasion vous avez placé la charrue avant les bœufs. Vous invitez les électeurs du département de la Seine à se passionner; vous les engagez à passionner tous les producteurs de France, tous ceux de l'Europe, pour obtenir la principale influence sur l'administration de la fortune publique. Je vous ferai observer à cet égard que des hommes sensés ne sont susceptibles de se passionner pour une affaire, que dans le cas où ils voient clairement les moyens de réussir dans cette entreprise.

Quant à moi, il me paraît qu'il existe une condition préliminaire indispensable pour que les producteurs puissent obtenir une amélioration importante dans leur existence sociale, c'est qu'ils se trouvent en majorité dans la chambre, et il faut bien du temps pour que cette condition puisse être remplie. Connaissez-vous une autre route? si vous la connaissez, hâtez-vous de nous l'indiquer.

L'AUTEUR. Votre sévérité, Monsieur, ne me contrarie point du tout. En me menant rudement, vous m'avez donné le droit d'en agir de même à votre égard. Je vous somme donc de répondre cathégoriquement aux questions que je vais vous faire.

Est-il vrai, Monsieur, que si le roi en avait la volonté, il pourrait, à l'instant même, et sans contrevenir à aucune des dispositions de la charte, former un conseil d'administration? qu'il pourrait le composer des producteurs les plus importans; qu'il pourrait réunir ce conseil tous les ans pendant le temps qui serait nécessaire à ces administrateurs pour examiner les comptes des ministres et pour former le projet de budget de l'année suivante; qu'enfin il pourrait communiquer avec ce conseil, et se faire rendre compte directement par lui de ses travaux.

Est-il vrai aussi que la suite nécessaire d'une pareille disposition serait que les principaux producteurs deviendraient immédiatement les personnages les plus importans de l'état, et que par conséquent la classe des producteurs se trouverait la première de toutes les classes.

LE PRODUCTEUR. Je conviens que l'une et l'autre de ces deux propositions sont justes.

L'auteur. Donc d'après votre propre aveu, la difficulté se réduit à ceci :

Déterminer le roi à confier aux principaux producteurs l'administration de la fortune publique.

Donc, d'après votre propre aveu, c'est une erreur de croire que les producteurs n'ont qu'un seul moyen d'améliorer leur existence sociale, celui d'obtenir la majorité dans la chambre ; et cette erreur était bien importante à combattre, puisque tous ceux qui sont appelés par leur position à faire valoir les droits politiques des producteurs, en sont imbus.

D'après votre propre aveu enfin, j'ai trouvé le moyen de faire sortir les producteurs du cul-de-sac dans lequel ils s'étaient enfournés, et de les faire rentrer dans la route du perfectionnement.

Le mal, Monsieur, le grand mal, c'est que les producteurs n'ont point encore acquis suffisamment d'énergie politique ; ils n'osent pas regarder la difficulté en face.

Dans les circonstances actuelles, un seul producteur important qui développerait un grand caractère, parviendrait en peu de temps à déterminer le changement qui assurerait la tranquillité du roi et la prospérité de la nation.

Le producteur. Petite pluie abat grand vent. Ne vous échauffez pas tant. Je conviens qu'il y aurait pour les producteurs une route plus courte que celle d'obtenir la majorité dans la chambre, pour se placer dans la situation sociale à laquelle ils ont droit de prétendre ; je conviens qu'une simple ordonnance du roi suffirait pour produire cet effet. Mais dites-moi, croyez-vous qu'il soit possible aux producteurs de déterminer sa majesté à rendre cette ordonnance? Songez donc que le roi n'a aucun point de contact direct avec les producteurs; qu'il ne connaît ni leur capacité, ni leurs droits; qu'il est entouré par ses courtisans, par ses ministres, par ses conseillers d'état, par les nobles, etc., enfin par toutes les classes qui ont intérêt à prolonger l'ordre de chose dans lequel ils administrent les producteurs à leur profit. Je conviens que vous nous faites connaître une route nouvelle et plus courte que celle que nous suivions pour atteindre notre but ; mais cette route me paraissant impraticable, votre découverte me paraît inutile.

L'AUTEUR. La tranquillité du roi et la prospérité de la nation seraient complettement assurées, si les principaux producteurs étaient chargés de diriger l'administration de la fortune publique; ainsi les producteurs peuvent, en toute sûreté de conscience, faire tous les efforts pacifiques qui sont en leur pouvoir, pour obtenir l'ordonnance que réclame le bien général. Or, les producteurs les plus positifs et les plus directs, c'est-à-dire, les cultivateurs, les fabricans et les négocians, sont dans la proportion de dix contre un à l'égard du surplus de la nation ; ils ont pour alliés naturels, les savans et les artistes,

et il n'y a pas de doute que s'ils s'unissaient pour
représenter au roi qu'ils seraient de beaucoup meil-
leurs appuis pour le trône que la classe de la no-
blesse, il leur serait facile de convaincre sa majesté,
et d'obtenir d'elle l'ordonnance en question. La
difficulté se réduit donc à ceci :

*Trouver un moyen de déterminer les producteurs
à se réunir pour faire en commun la demande au
roi de l'ordonnance en question.*

LE PRODUCTEUR. Je conviens de ce que vous di-
tes; mais il vous reste à nous donner le moyen de
déterminer tous les cultivateurs, les fabricans et les
négocians, à se réunir pour faire cette demande au
roi.

L'AUTEUR. *La France est dans Paris et l'Europe
dans la France.* Les députés du département de la
Seine, que vous venez de nommer, sont en mesure
de diriger cette grande opération politique; ils ont
tous les moyens nécessaires pour réussir dans cette
grande entreprise; et, s'ils ont le quart de l'énergie
que vous avez développée en les nommant, ils mé-
riteront le titre de *bienfaiteurs de l'humanité.*

LE PRODUCTEUR. En ce cas là, c'est aux députés
du département de la Seine que vous devez vous
adresser.

L'AUTEUR. Je vais dès ce moment leur présenter les
principales dispositions du plan de conduite que les circonstances où ils se trouvent les appellent à tenir. Pre-
nez, je vous prie, Monsieur, la peine de lire la lettre suivante :

LETTRE

A MESSIEURS LES DÉPUTES

DU DÉPARTEMENT DE LA SEINE.

MESSIEURS,

Vous remplirez très-honorablement votre mission, si vous adoptez les deux mesures que je vais vous proposer ; j'espère qu'elles seront suffisamment motivées par ce que je vais dire, pour qu'il ne vous reste aucun doute sur leur utilité.

Sous l'ancien régime, les nobles jouissaient héréditairement du droit d'administrer la fortune publique, et comme de raison ils l'administraient à leur profit et au détriment des vilains, et c'est principalement contre cette institution que la nation s'est insurgée.

La première idée qui a dû se présenter au peuple français, a été que tous ses membres devaient être admissibles aux places d'administrateurs des intérêts nationaux.

Tel a été effectivement le premier principe que la révolution a consacré.

L'admission de ce principe a rendu de grands services à la chose publique ; elle a fait abandonner les anciennes routines ; elle a fait disparaître les obstacles qui s'opposaient aux progrès de l'industrie ; elle a ouvert à la nation la carrière de la prospérité.

Mais l'expérience de plus de trente années a prouvé que l'adoption de ce principe ne remédiait pas à tous les inconvéniens, et même que ce principe avait donné naissance à un nouveau genre d'abus.

Il s'est formé des factions ayant pour objet de s'emparer de l'administration pour la faire tourner à leur profit. Ces factions ont plusieurs fois changé de nom; elles se sont composées différemment suivant l'influence des circonstances; mais elles n'ont pas cessé un seul moment d'exister depuis le commencement de la révolution; elles sont encore en pleine activité, et nous avons la perspective de les voir toujours exister, parce que leur existence est une conséquence directe du principe constitué que *tous les Français sont admissibles à la direction de l'administration du trésor public* (1).

Les électeurs du département de la Seine, qui forment incontestablement le corps électoral le plus instruit qui existe en France et même en Europe, ont cherché à remédier à ces inconvéniens, et ils ont jugé que le meilleur moyen à employer pour atteindre ce but, était d'admettre pour principe fondamental que l'administration de la fortune publique devait être dirigée par ceux dont, d'une part, les intérêts particuliers étaient les plus identiques avec ceux de la nation, et qui, d'un autre côté, avaient fourni les preuves les plus positives de leur capacité en administration.

---

(1) Il est résulté un autre inconvénient de l'accroissement du nombre des prétendans aux places dans l'administration de la fortune publique, c'est que, par l'effet de la tendance générale des choses au nivellement, le nombre des places a été mis en rapport avec celui des prétendans. Beaucoup de places nouvelles ont été créées sans autre but d'utilité que celui de satisfaire un plus grand nombre de demandeurs, et en résultat les frais d'administration se trouvent considérablement augmentés aux dépens des producteurs.

En un mot, Messieurs, en vous nommant, les électeurs du département de la Seine ont manifesté l'opinion que c'étaient les producteurs les plus importans
qui devaient être principalement chargés de l'administration du trésor public, et ils vous ont chargé de pousser
cette opinion le plus vigoureusement qu'il vous serait
possible dans le monde politique.

La première mesure que vous devez adopter, Messieurs, est celle de publier une profession de foi politique qui soit conforme aux mandats de vos commettans,
et vous devez avoir soin d'y produire les mots sacra-
mentaux suivans.

« Les principaux producteurs sont les citoyens les
» plus capables de bien administrer la fortune publique,
» ils sont les plus intéressés à sa conservation et à son
» accroissement; ils sont par conséquent ceux auxquels
» la direction de cette administration doit être princi-
» palement confiée. »

Je vais vous parler maintenant, Messieurs, de la seconde mesure que vous devez prendre. Cette seconde
mesure a pour objet d'assurer le succès de la première:

« Ouvrez, Messieurs, une souscription générale des
» producteurs, et déclarez:

» 1°. Que vous vous engagez à administrer vous-
» mêmes les fonds provenant de cette souscription;

» 2°. Que ces fonds seront employés à récompenser
» les travaux des savans, des artistes et des littérateurs
» qui contribueront à former l'opinion publique sur ce
» point que, *les producteurs les plus importans doivent être*
» *principalement chargés de l'administration de la fortune*
» *publique.*

» Invitez directement et par vos correspondans tous
» les producteurs de France, tous ceux de l'Europe et
» même de l'Amérique, à contribuer pécuniairement
» pour le succès de cette entreprise et à verser dans vos
» mains le montant de leur souscription. »

Et ce faisant, Messieurs, vous serez les véritables fondateurs de la liberté européenne ; vous serez pour l'Europe ce que l'imprimeur Franklin a été pour l'Amérique.

Ne vous effrayez point, Messieurs, de mes propositions ; vous reconnaîtrez, en les examinant, qu'elles ne sont en opposition avec aucune des dispositions de la charte, avec aucune des lois existantes, avec aucune de celles qui peuvent être faites dans l'état présent des lumières.

Vous reconnaîtrez également qu'elles sont conformes aux intérêts du roi, de même qu'à ceux de l'immense majorité de la nation. Vous reconnaîtrez enfin qu'elles tendent directement à garantir la société de tout acte de violence, puisqu'elles ont pour objet d'établir la domination des hommes pacifiques.

Je terminerai cette lettre, à laquelle je ne crois pas devoir donner plus de développement, en vous disant, Messieurs, dès le moment que le soin de faire le projet de budget sera confié aux hommes les plus intéressés à l'économie et à la tranquillité publique, le calme le plus parfait s'établira dans la société, et la belle institution de la royauté constitutionnelle aura des garanties suffisantes contre les entreprises des ambitieux.

J'ai l'honneur d'être, etc.

HENRI SAINT-SIMON.

P. S. Votre députation, Messieurs, est très-propre, par sa

composition, à diriger le perfectionnement qui doit s'effec-
tuer dans les opinions politiques de la société.

Neuf de vous appartiennent à la classe des producteurs,
et ils ont pour collègues, un ancien membre de l'administration de la fortune publique, un militaire et un légiste; ainsi
l'opinion des producteurs se trouvera très-prépondérante
dans votre conseil de perfectionnement, et cependant ce
conseil ne se trouvera point privé des lumières acquises par
les classes qui ont dirigées la révolution jusqu'à ce jour.

La composition de votre députation offre un autre avan-
tage, dix de vous ont l'allure progressive, deux seulement
sont dans une direction rétrograde; or, la société se trouvant
dans ce moment engagée dans une pente très-rapide, il est
fort utile pour elle que ses roues soient enrayées.

Il me reste, Messieurs, à me faire connaître par ceux de
vous avec lesquels je n'ai point encore eu de relation.

J'ai soixante ans.

Je ne suis pas sorti de France depuis le commencement
de la révolution.

Je n'ai rien été depuis 1789, je ne suis rien et je veux
rester au nombre des administrés.

Je me suis voué au service des producteurs, je travaillerai
toute ma vie à améliorer leur existence sociale.

FIN.

AUX AMATEURS

DE BONS LIVRES RÉCEMMENT IMPRIMÉS A PARIS,

OU QUI SONT ENCORE SOUS PRESSE.

Ayant souscrit pour un grand nombre d'exemplaires aux ouvrages qui suivent, j'ai obtenu des avantages auxquels participeront les personnes qui m'honoreront de leur confiance. Pareille remise à peu-près sera faite sur tous les ouvrages qu'on demandera, quoique non portés dans cette notice. (Je ne reçois que les lettres affranchies.)

Paris, juin 1822. KLEFFER, libraire, rue d'Enfer, nº 2.

OUVRAGES *entièrement terminés, en souscription.*

REPERTOIRE UNIVERSEL ET RAISONNÉ DE JURISPRUDENCE, par M. Merlin, ancien procureur général à la cour de cassation, et **QUESTIONS DE DROIT,** par le même ; nouvelle édition, entièrement refondue, 21 vol. in-4º. On pourra ne retirer que quatre volumes à la fois, en payant les deux derniers à l'avance. Prix de chaque vol.   15 fr.
L'ouvrage complet, au lieu de 310 fr.   275 fr.

Editions très-soignées.

LETTRES de madame de Sévigné, de sa famille et de ses amis ; seconde édit. (1820), 10 vol. in-8º, imprimés par M. P. Didot l'aîné, sur très-beau papier, avec 8 portraits, 13 vues, 10 *fac simile* et les armes. Prix de chaque vol.   7 fr.
On peut n'en retirer que deux à la fois, en payant les deux derniers.
L'édition complète, au lieu de 100 fr.   65 fr.
LETTRES de madame de Sévigné, de format in-12 ; 12 volumes avec trois portraits et trois *fac simile*, sur très-beau papier. Prix   27 fr.
COLLECTION de 20 portraits du siècle de Louis XIV ; accompagnés d'une Notice historique, que l'on peut joindre aux Lettres de madame de Sévigné, 1 vol. in-8º. Prix : au lieu de 20 fr.   14 fr.
Les mêmes, 1 vol. in-12. Prix : au lieu de 20 fr.   14 fr.
PORTRAITS de MM. Henri et Charles de Sévigné, gravés, pour la première fois, par M. Dien, comme ceux qui ornent l'édition in-8º des Lettres de madame de Sévigné, avec la lettre. Au lieu de 6 fr.   4 fr.
MÉMOIRES de M. de Coulanges, suivis de lettres inédites de madame de Sévigné, de la Fontaine, et autres personnes célèbres du siècle de Louis XIV, ornés du *fac simile* de l'écriture de l'abbé de Coulanges, de La Fontaine, des portraits du cardinal de Bouillon, et de madame la marquise de Louvois ; 1 fort vol. in-8º.   7 fr.
Les mêmes, 1 vol. in-12 avec 4 figures. Au lieu de 6 fr.   4 fr.
Nota. Si l'on veut y joindre le portrait de M. de Coulanges, 3 fr. Ce vol. fait le complément indispensable des Lettres de madame de Sévigné.
OPUSCULES inédits de Jean de La Fontaine, accompagnés du *fac simile* de son écriture, extraits des Mémoires de M. de Coulanges, in-8º (*tiré à cent exemplaires*). Au lieu de 6 fr.   4 fr.
HISTOIRE de Charlemagne, suivie de l'*Histoire de Marie de Bourgogne,* par M. Gaillard, de l'Académie française, et de celles des inscriptions et belles-lettres, imprimée par M. P. Didot ; 2 vol. in-8º. Au lieu de 12 fr.   8 fr.
HISTOIRE de François Ier, par le même ; 4 v. in-8º. Au lº de 24 fr.   16 fr.
HISTOIRE de la Rivalité de la France et de l'Angleterre, par le même, 6 vol. in-8º. Au lieu de 36 fr.   24 fr.
On a joint à l'Histoire de Charlemagne celle de Marie de Bourgogne, qui jusqu'alors avait été imprimée séparément ; à l'Histoire de François Ier, beaucoup d'anecdotes et de notes intéressantes sur les lettres et les arts. On

a refondu aussi dans l'Histoire de la Rivalité les supplémens des autres éditions. Enfin ces trois ouvrages sont accompagnés d'additions et de notes d'un
très-grand intérêt.

OEUVRES complètes de Rollin, contenant l'Histoire ancienne, l'Histoire
romaine, l'Histoire des Empereurs, le Traité des études et les Opuscules;
première et seule édition complète de format in-8e, publiée par J.-Fr.
Bastien, ornée de son portrait. 60 tomes qui peuvent se relier en 30 vol.,
avec un atlas in-4°. Au lieu de 260 fr.   200 fr.

OEUVRES de Rollin, 27 vol. in-12, avec atlas. Au lieu de 100 fr.   80 fr.

MAXIMES et Réflexions morales du duc de La Rochefoucauld, enrichies
de pensées inédites, ornées de son portrait, gravé d'après un émail de Pe-
titot, par P.-P. Choffard, et d'un modèle de son écriture; 1 vol. in-12,
imprimé par P. Didot, sur très-beau papier. Au lieu de 3 fr.   2 f. 25 c.

Les mêmes, in-8°. Au lieu de 6 fr.   4 f. 50 c.

OEUVRES de Montesquieu, 5 vol. in-8°, portrait et cartes. Au lieu de
30 fr.   25 fr.

OEUVRES de Regnard, 6 vol. in-8° avec 11 figures et portrait. Au lieu de
36 fr.   28 fr.

COURS de littérature, 16 vol. in-8°. Au lieu de 80 fr.   60 fr.

OEUVRES de Destouche, 6 vol. in-8° avec gravures. Au lieu de 36 fr. 28 fr.

OEUVRES de Vauvenargues, 3 vol. in-8°. Au lieu de 19 f. 50 c.   16 f. 50 c.
Toutes ces éditions, sorties des presses de MM. Didot aîné et Crapelet,
sont remarquables par leur beauté.

DICTIONNAIRE universel historique, critique, etc.; neuvième édition,
20 vol. in-8°, ornés de 1,200 portraits. Au lieu de 130 fr.   100 fr.

COLLECTION des Mémoires relatifs à la Révolution française, avec des
Notices sur leurs auteurs, et des Eclaircissemens historiques; par
MM. Berville et Barrière, en 20 volumes in-8°, paraissant par livraisons
de 2 volumes chaque, tous les deux mois. Prix de chaque volume, au lieu
de 7 fr.   5 fr. 25 c.
Douze volumes sont en vente; ils comprennent les mémoires de madame
Roland. — Du marquis de Ferrière. — De Linguet (sur la Bastille). — De
Dusaulx, membre de l'institut (sur le 14 juillet). — Du marquis de Bouillé,
lieutenant-général. — Du baron de Benseval. — De Bailly, maire de Paris
(tome 2). De Weber (tome premier). La septième livraison, qui est sous
presse, contiendra le tome 2 de Weber et le 3e de Bailly.

ART de la peinture sur verre et de la vitrerie; par Le Vieil, 1 vol. in-folio,
figures. Au lieu de 15 fr.   10 fr.

ART du chamoiseur, du tanneur, du mégissier, du maroquin et de l'hongroyeur, avec les planches de chaque art; par le même, 1 vol. in-folio
relié. Au lieu de 100 fr.   50 fr.

ART de l'Hongroyeur seulement; par le même, 1 vol. in-folio avec planches. Au lieu de 15 fr.   10 fr.

ART du chapelier, par l'abbé Nollet, 1 vol. in-folio, figures. Au lieu
de 15 fr.   10 fr.

ART de convertir le cuivre rouge, ou cuivre de rosette en laiton; par
M. Galon, 1 vol. in-folio, figures. Au lieu de 15 fr.   10 fr.
Le même sans figures,   4 fr.

ART du coutelier, expert en instrument de chirurgie, avec planches; par De-
lalande, 1 vol. in-folio. Au lieu de 15 fr.   10 fr.

ART de faire le papier, par le même, 1 vol. in-folio avec planches. Au lieu
de 15 fr.   10 fr.

ART du tanneur, par le même, avec planches, 1 vol. in-folio, figures. Au
lieu de 15 fr.   10 fr.

LANGUE hébraïque restituée (la) et le véritable sens des mots hébreux, ré-
tabli et prouvé par leur analyse radicale; par Fabre d'Olivet, 2 vol. in-
folio; Paris. Au lieu de 42 fr.   30 fr.

THREICIE (la) ou la Seule Voix des sciences divines et humaines du culte vrai et de la morale, 1 vol. in-8°. Au lieu de 5 fr.　　　4 fr.

DÉTAILS historiques et Recueil de pièces sur les divers projets de réunion de toutes les communions chrétiennes qui ont été conçus depuis la réformation jusqu'à ce jour, compulsés, recueillis et mis en ordre par M. Rabaut, in-8°. Au lieu de 5 fr.　　　3 fr.

ESSAI sur la Poésie et la Musique, considérés dans les affections de l'âme, traduit de l'anglais, de James Beattie, docteur en droit civil et en droit canon, professeur de morale, de philosophie et de logique, au collége Maréchal de l'université d'Aberdeen, in-8° ; Paris. Au lieu de 4 fr.　　　2 fr.

ANNUAIRE ou répertoire ecclésiastique à l'usage des églises réformées et protestantes du royaume français, contenant une Notice historique sur la situation civile, politique et religieuse des réformés en France; depuis l'édit de 1787 ; l'organisation de toutes les églises réformées et protestantes, les lois et décrets rendus en leur faveur depuis 1787, leur discipline, et le tableau de tous les pasteurs. Par M. Rabaut jeune, 1 vol. in-8°. Au lieu de 6 fr.　　　4 fr.

LETTRES de cachet, par Mirabeau; 1 vol. grand in-8° de plus de 600 pages, imprimé en 1820 sur très-beau papier. Au lieu de 6 fr. 50 c.　　　5 fr.

LETTRES à Sophie, par le même ; 3 vol. in-8° ornés du portrait de Sophie, bien imprimés à Paris en 1820. Au lieu de 19 fr. 50 c.　　　15 fr.

ESSAI sur le despotisme. — Considérations sur l'ordre de Cincinnatus. — De la liberté de la presse. — Réglement observé en Angleterre pour les votes dans la chambre des communes; 1 vol. in-8°, par le même (1820). Au lieu de 6 fr. 50 c.　　　5 fr.

HISTOIRE secrète du cabinet de Berlin (avec la clef), précédée de l'arrêt du parlement qui a condamné cet ouvrage à être brûlé par la main du bourreau. — Lettre remise à Frédéric Guillaume II, le jour de son avénement au trône ; par le même, 1 vol. in-8° (1821). Au lieu de 6 fr. 50 c.　　　5 fr.

DÉNONCIATION (la) de l'agiotage. — Suite de la dénonciation de l'agiotage. — Observations sur Bicêtre. — Lettre sur Cagliostro. — Lettre sur Mosès-Mendelson, par le même ; 1 vol. in-8° (1821). Au lieu de 6 fr. 50 c.　　　5 fr.

AVIS aux Hessois. — Avis aux Bataves. — Lettres sur l'invasion des Provinces-Unies. — Doutes sur la liberté de l'Escaut, par le même; 1 vol. in-8° Au lieu de 6 fr. 50 c.　　　5 fr.

Ces huit derniers volumes ne se vendent pas séparément.

OEUVRES complètes de Massillon, nouvelle édition ; Paris, 1821, 13 vol. in-8°, imprimés sur très-beau papier, ornés du portrait de Massillon, dessiné par Desenne, et gravé par Lignon. Au lieu de 91 fr.　　　75 fr.

THÉATRE de Voltaire, 9 gros vol. grand in-18, belle édition de 1821. Au lieu de 21 fr.　　　16 fr.

DICTIONNAIRE philosophique, du même, 8 gros vol. in-18, même édition de 1821. Au lieu de 18 fr.　　　14 fr.

ESSAIS sur les Mœurs, du même, 5 gros vol. in-18, pareils aux précédens. Au lieu de 12 fr.　　　9 fr.

Ces trois ouvrages de Voltaire sont en gros caractères, et sur très-beau papier.

SALLUSTE, traduction de C. L. Mollevaut, correspondant de l'institut; 3e édition, avec une Carte et un Dictionnaire géographique des lieux mentionnés dans Salluste ; par M. Barbié du Bocage, de l'institut, 1 gros vol. in-8°. Au lieu de 5 fr.　　　3 fr. 50 c.

MANUEL (Nouveau) de l'enregistrement, comprenant les lois en vigueur sur cet impôt, avec le recueil analytique des solutions du gouvernement, des ministres, des tribunaux et de l'administration de l'enregistrement; par M....., employé supérieur de la direction générale de l'enregistrement et des domaines et forêts, in-4°. Au lieu de 5 fr.　　　3 fr. 50 c.